VICTORIEN SARDOU

DE L'ACADÉMIE FRANÇAISE

LA MAISON DE ROBESPIERRE

RÉPONSE A M. E. HAMEL
SÉNATEUR

AVEC PLANS ET GRAVURES

PARIS

PAUL OLLENDORFF, ÉDITEUR

28 *bis*, RUE DE RICHELIEU, 28 *bis*

1895

LA MAISON

DE

ROBESPIERRE

IL A ÉTÉ TIRÉ A PART

Dix exemplaires sur papier du Japon, numérotés à la presse (1 à 10)

VICTORIEN SARDOU

DE L'ACADÉMIE FRANÇAISE

LA MAISON
DE
ROBESPIERRE

RÉPONSE A M. E. HAMEL

SÉNATEUR

AVEC PLANS ET GRAVURES

PARIS

PAUL OLLENDORFF, ÉDITEUR

28 *bis*, RUE DE RICHELIEU, 28 *bis*

1895

PL. I

LA MAISON DUPLAY

Fac-similé de la gravure de Duplessis-Bertaux.

(*Tableaux de la Révolution*.

LA MAISON DUPLAY

Fac-similé de la gravure de *Paris Historique*
de Charles Nodier et Christian.

LA
MAISON DE ROBESPIERRE

I

En écrivant à mon ami Galdemar la lettre publiée dans le *Gaulois* du 8 mars, où je contais ma visite, en compagnie de Lenôtre, à la maison de Robespierre, je ne croyais certes pas engager une polémique avec Hamel. — J'avais cité son nom sans lui faire le moindre reproche de croire cette maison démolie de fond en comble. — Je dis plus; je me suis efforcé d'éviter toute discussion, en l'invitant à un nouvel examen de la question. A sa place, je n'aurais pas hésité. Je serais allé trouver le contradicteur, à titre de vieux camarade, et je lui aurais dit : « Voyons! l'un de nous deux se trompe. Vidons ce débat entre nous. Le vaincu avouera sa défaite. » — Et l'affaire serait réglée depuis longtemps.

Je regrette que Hamel n'ait pas adopté ce parti. Il n'y a pas de honte à s'abuser de bonne foi. Le tort est de persister dans l'erreur, quand elle vous est démontrée, et de se faire un point d'honneur de ne pas en convenir. Si demain il m'était prouvé que Hamel a raison, je n'hésiterais pas à lui en donner acte publiquement, et je ne me croirais pas humilié par cet aveu.

Il faut donc discuter, puisqu'il m'y oblige, et noircir plus de papier que n'en mérite une question de médiocre importance, après tout, et qui n'intéresse qu'un petit nombre de curieux.

Mais, avant tout, il importe de préciser le débat : car bien des gens m'en ont parlé, qui n'en savent même pas les termes.

Il s'agit de la maison Duplay, habitée par Robespierre de 1791 jusqu'à sa mort.

Sur ce fait que cette maison est bien celle qui appartient aujourd'hui à M. Vaury, au numéro 398 de la rue Saint-Honoré, nous sommes parfaitement d'accord, Hamel et moi. Il n'y a pas lieu à contestation. Tous les titres en font foi.

Où nous différons d'avis absolument; c'est sur les deux points suivants :

Hamel prétend que de la maison Duplay, telle qu'elle était en 1794, rien ne subsiste, et qu'elle a été démolie et reconstruite de fond en comble en 1816.

J'affirme, au contraire, qu'en 1816 elle a été seulement surélevée de plusieurs étages dans les parties qui nous intéressent, et que les constructions primitives subsistent sous celles dont on les a surchargées.

Hamel prétend, en outre, que l'aile du logis habitée par Robespierre était à droite de la cour, en entrant par la rue Saint-Honoré, c'est-à-dire à l'est.

Je maintiens qu'elle était à gauche de cette même cour, c'est-à-dire à l'ouest.

II

Il n'est pas inutile non plus d'apprendre ou de rappeler au lecteur ce qu'était cette maison qui nous met aux prises, Hamel et moi.

C'est le 17 juillet 1791, au soir, après l'affaire du Champ de Mars, que Robespierre y parut pour la première fois.

Le coup de force de Bailly avait jeté le désarroi chez les meneurs qui l'avaient provoqué. Quoique des moins compromis, Robespierre pouvait craindre d'être arrêté, la nuit même, rue de Saintonge, où il demeurait chez son ami Humbert[1]. Le menuisier Duplay, qui l'avait connu aux Jacobins, lui offrit pour la nuit, dans la maison qu'il occupait rue Saint-Honoré, et qui portait alors le numéro 366, un asile qui fut accepté.

Ce Duplay, jadis protégé par M. Geoffrin, était un gros entrepreneur de menuiserie en voie de faire fortune, car il possédait trois maisons de rapport, rue de l'Arcade, rue de Luxembourg et rue d'Angoulême; mais il n'occupait qu'à titre de locataire celle de la rue Saint-Honoré, où

1. Il faut lire dans Esquiros le récit de l'arrivée de Robespierre chez Duplay. On ne perdra pas son temps.

était son atelier. Il demeurait là avec sa femme, Éléonore Vaugeois, trois grandes filles, Éléonore, Victoire et Élisabeth, la future Mme Lebas, son jeune fils, âgé d'une douzaine d'années, qui s'appelait Maurice comme lui, et son neveu, Simon Duplay, dit *à la jambe de bois*, ayant perdu la bonne à Valmy. Il avait de plus une autre fille, Sophie, mariée en province à un nommé Auzat, qui se donne, dans les actes, la qualité de jurisconsulte! — Il était avocat.

Les Duplay, grands et petits, firent si bon accueil à Robespierre; il fut tellement sollicité de ne plus quitter la maison, que, dès le lendemain, il se laissa convaincre et envoya chercher ses malles rue de Saintonge.

A ce déplacement il perdait une de ses distractions favorites, qui était de jeter du grain aux poules et aux tourterelles de son ami Humbert; mais que d'avantages en échange! — La proximité des Jacobins, du manège des Tuileries, où siégeait l'Assemblée; trois jeunes femmes, plus une vraie ménagère, empressées à le servir; l'admiration d'une famille entière; des ouvriers aussi Jacobins que leur patron, veillant sur lui, sans se distraire de leur travail, et, à la moindre alerte, prêts à favoriser sa fuite par les jardins du couvent et le boulevard; la surveillance de la mère Duplay, gardienne vigilante, qui savait éloigner les importuns, accueillir les fidèles, deviner les suspects; une chambre petite, il est vrai, sur la cour; mais cette cour claire et gaie, et cette chambre porte à porte avec celle des Duplay; la communication directe, par un escalier de bois, avec la salle à manger, où il prenait ses repas en famille; avec le salon, où se faisait la veillée du soir; avec la petite pièce à la suite, où il donnait audience... Tout cela était bien fait pour justifier son choix. Et enfin ce séjour chez un menuisier devait sourire à un disciple de Jean-Jacques, dont les livres de chevet étaient l'*Émile* et le *Contrat social.*

Duplay, ai-je dit, n'était que locataire de la maison. Elle appartenait à la communauté voisine des Dames de la Conception, qui, propriétaires d'un vaste terrain attenant au couvent, entre la rue Saint-Honoré, le boulevard et la rue Royale, avaient construit plusieurs maisons en bordure sur la rue Saint-Honoré, et étaient encore propriétaires de six de ces maisons — et non pas dix[1] — louées à des particuliers. Duplay, dont les filles avaient fait leur première communion au couvent, où elles avaient pu connaître à l'état de religieuse Françoise Goupille, qui plus tard, jetant le voile aux orties, épousa le père Duchène et monta sur l'échafaud le même jour que Lucile Desmoulins,... Duplay, dis-je, tenait l'habitation à bail, non pas depuis 1787, comme le croit Hamel, mais depuis 1779, par un bail passé chez Mes Choron et Dutard pour neuf ans à dater du 1er avril de ladite année, — et où il est présenté comme occupant déjà la maison par une location antérieure[2].

Le bail de Duplay, reproduit et complété par tous les titres et actes qui sont aux mains de M. Vaury, le propriétaire actuel, et de Me Demanche, dont l'étude est celle de Choron, notaire en 1787[3], nous donne la description suivante de l'immeuble :

« Une maison appartenant audit monastère, joignant le mur de clôture d'icelui et dont l'entrée et la face sont rue Neuve-Saint-Honoré.

1. Déclaration des biens et revenus de la communauté en 1790 (Arch.).
2. (Archives : — Étude de Me Demanche.)
3. Je ne saurais trop remercier MM. Vaury et Demanche de la complaisance qu'ils ont mise à faciliter mes recherches.

« Elle consiste en un petit corps de logis sur la rue Saint-Honoré, simple en profondeur, avec entrée de porte cochère et de quatre croisées de face. *Plus un autre corps de logis sur ladite rue en retour en aile au couchant*, élevés chacun d'un rez-de-chaussée, étage et cave au-dessous, entresol et étage carré, avec grenier au-dessus et comble à deux égouts couvert en tuile. Celui en retour n'est couvert que par un comble en appentis garni en tuile. Au levant est un autre petit bâtiment en aile élevé d'un rez-de-chaussée avec entresol au-dessus et comble en appentis couvert en tuile. Ensuite est une cour avec hangard de chaque côté, dont un grand au couchant, avec comble en appentis. Plus, à la suite desdits hangars et de la cour est un autre corps de logis formant pignon sur la cour, élevé d'un rez-de-chaussée, étage carré et grenier au-dessus avec comble à deux égouts couvert aussi en tuile. — Un puits à côté. »

J'ai souligné à dessein l'indication relative aux deux logis sur la rue, telle qu'on la trouve dans l'acte de vente de Duplay à Auzat, 22 prairial an V, et dans la vente faite par Auzat à Rouilly, 13 messidor an IX, où il est dit expressément :

« Un petit corps de logis rue Honoré,... *plus un autre corps de logis sur ladite rue Honoré*, en retour en aile au couchant. »

Il en résulte clairement qu'il y avait en réalité deux corps de logis sur la rue, autrefois indépendants l'un de l'autre, dont l'un se prolongeait sur la cour, en aile en retour au couchant, et que Duplay loua le tout, dont l'ensemble constitua une seule habitation.

Je demande grâce pour ces détails ennuyeux : on verra qu'ils ont leur raison d'être. — Aussi bien Hamel m'a déclaré sévèrement que nous n'étions pas là pour nous amuser ni pour amuser nos lecteurs; — mais pour faire « triompher la vérité! »

Faisons-la donc triompher, — même avec ennui.

Il semblerait qu'avec une description si précise et tous les documents à notre portée, la restitution de l'ancien état n'offre pas des difficultés sérieuses. Et, de fait, elle est assez simple pour qui n'a pas d'idées préconçues, de parti pris, ni de vieilles erreurs à faire accepter.

Ce n'est pas le cas de Hamel, qui nous offre une reconstitution de l'immeuble en désaccord avec tous les titres, parce qu'il a commis jadis une lourde faute d'orientation dont il ne veut pas démordre. — On va voir en quoi elle consiste.

III

D'abord orientons-nous !

Nous sommes dans la rue Saint-Honoré, à droite de cette rue, et presque en face de l'Assomption, en nous dirigeant de la rue Duphot à la rue Richepanse.

Que dit le bail?

Que l'entrée de la maison est rue Saint-Honoré, et que, outre deux corps de logis sur la rue, l'habitation comporte une cour, un second bâtiment au fond de cette cour, et, entre ces deux bâtiments, une aile en retour *au couchant*.

Où est le couchant?

On n'a pas besoin d'aller rue Saint-Honoré pour s'en rendre compte. La maison étant où j'ai dit, les logis sur la rue sont au midi, le bâtiment du fond au nord, l'aile en retour à l'ouest.

Il ne faut pour s'en assurer que savoir où sont les quatre points cardinaux.

Mais Hamel, comme Sganarelle, a changé tout cela. Pour lui, c'est le double logis sur la rue qui est au nord, celui du fond au midi, l'aile au couchant à l'est, — c'est-à-dire au levant!! — Le cœur est à droite!

C'est exactement comme si, décrivant la France, il plaçait Marseille au nord, Lille au midi, et le Havre à l'est.

Et savez-vous la cause de ce gâchis? — C'est qu'il s'est imaginé il y a trente ans que, par ces mots du bail « au couchant », il fallait entendre : « Exposé au soleil couchant », — abusé qu'il était par la locution familière et incorrecte qui fait dire quelquefois d'une façade, d'une fenêtre, qu'elle est « au couchant », pour exprimer qu'elle regarde le couchant.

Si Hamel avait un peu creusé la question, il aurait compris que « au couchant » signifie en bon français : du côté du couchant, — dans la direction du couchant, par rapport à l'endroit où l'on se trouve, à la localité que l'on habite, que l'on examine, que l'on décrit.

Il saurait de plus que les mots *couchant* et *levant* ont exactement le même sens que *ouest* et *est*, — que nos pères les employaient de préférence à ces derniers, et que Me Choron, rédigeant le bail et désignant l'aile en retour « au couchant », a voulu dire et a dit : qu'elle était située à l'ouest de toute l'habitation, à la partie occidentale de tout le terrain, et non pas exposée aux rayons du soleil couchant : — *Direction* et non *exposition!*

Quant à l'observation de Hamel que, s'il en était ainsi, l'orientation de la maison changerait avec la position de celui qui l'observe, elle est un peu naïve.

Est-ce que, pour l'Anglais, le Russe, l'Arabe qui examinent une carte de notre pays, Lille n'est pas toujours au nord et Marseille toujours au midi de la France?

En quoi l'orientation particulière de l'observateur change-t-elle celle de la localité? — Un habitant de la lune qui, de là, observerait Marseille et Hamel, verrait toujours

Marseille au midi de la France, — et Hamel toujours dans son tort.

Je sais bien que les cultivateurs de Montreuil ne sont pas de cet avis-là. Hamel m'avertit charitablement qu'ils seraient bien étonnés et m'accueilleraient par « un immense éclat de rire si je leur déclarais que leurs espaliers du levant sont au couchant ».

Je serais plus étonné qu'eux de m'entendre leur débiter cette phrase, qui n'a de sens que dans le langage de Hamel...

Et cent fois plus étonnés que moi seraient mes confrères de l'Académie, si je leur conseillais, pour la rédaction du fameux dictionnaire, de faire appel désormais aux lumières des cultivateurs de Montreuil !

Au surplus, je ne sais pas pourquoi je m'attarderais à discuter une question de Dictionnaire. — On va bien voir si l'aile en retour était à l'est ou à l'ouest, à droite ou à gauche de la cour.

IV

La première chose à faire dans une discussion de cette nature, c'est de recourir aux plans officiels.

Hamel a bien compris qu'il ne pouvait pas se dispenser de cette formalité, et qu'il devait, auprès de ses lecteurs, se recommander de ces documents, au moins en apparence.

Et comme il n'y trouvait rien à son gré, voici comment il s'est tiré d'affaire :

Il a cité trois plans : ceux de Deharme (1763), de Jaillot (1775), de Verniquet (1791), où les maisons particulières construites en bordure sur la rue Saint-Honoré au commencement du xviiie siècle, et dont fait partie la nôtre, « sont, dit-il, indiquées »;

Plus un quatrième plan, le plan Turgot, 1739, « où elles sont, dit-il, parfaitement figurées ».

Or dans le plan Deharme il n'y a pas trace de ces maisons!

Il n'y en a pas trace dans le plan Jaillot!

Il n'y en a pas trace dans le plan Verniquet, qui, pour la portion de la rue Saint-Honoré où se trouve notre maison, n'a pas été achevé!

Total... rien!... Trois plans, et pas une maison!...

Mais voici mieux encore:

Du plan Turgot, où les maisons sont, à ce qu'il assure, « parfaitement figurées », il détache un fragment représentant le couvent de la Conception, avec ses attenances et dépendances, et écrit bravement au-dessus :

« Le couvent de la Conception et la maison Duplay d'après le plan Turgot. »

Le lecteur voit bien au premier coup d'œil tout le couvent. Après quoi il cherche ces maisons en bordure sur la rue, ces maisons « si bien figurées », et, parmi elles, la maison Duplay.

Et il n'aperçoit qu'un long bâtiment d'aspect monumental, dans lequel, par deux encoches, Hamel indique la place de notre numéro 398, que personne ne conteste!

Nous donner une tranche de cette longue bâtisse pour la maison Duplay avec ses deux corps de logis, son aile et sa cour, c'est, sauf le respect que je dois à mon vieil ami Hamel, en prendre un peu trop à l'aise avec son lecteur!...

V

J'en ai, moi, des plans. — Et ceux-là ne sont pas vides!

Le premier est connu de Hamel; car il l'a signalé au tome III de son *Histoire de Robespierre*, page 519, en note. Seulement il s'est ravisé et n'en parle plus...

C'est le plan de la censive de l'Archevêché, dressé en 1786 par Junié, ingénieur-géographe.

Toutes les maisons construites rue Saint-Honoré, à la place du grand bâtiment susdit, sont ici dessinées, avec leurs contours, leurs cours, leurs divers bâtiments, les noms des propriétaires, etc.

Et nous y trouvons sans difficulté la maison Duplay, parfaitement conforme à la description du bail; c'est-à-dire composée de deux corps de logis sur la rue, séparés par un trait, et dont l'un se prolonge sur la cour en aile au couchant : les deux marqués à la censive n°s 13 et 14, et désignés comme appartenant aux Dames de la Conception. (V. pl. III, n° 1.)

Et tout y est : l'aile au couchant; c'est-à-dire où je la

1

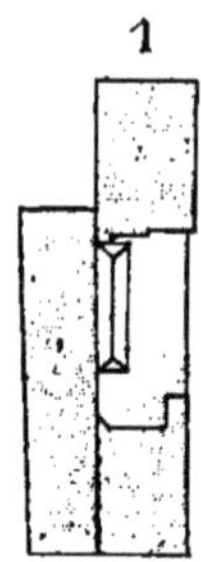

Rue Saint-Honoré

d'après l'Atlas des Plans
de la Censive de l'Archevêché de Paris
par Junié, ingénieur géographe (1786)
Archives Nationales (N^4 126)

2

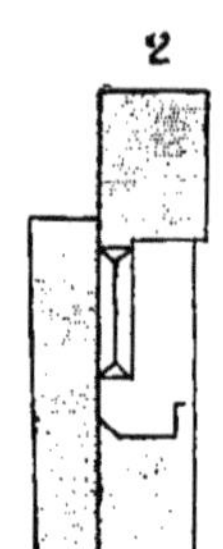

Rue Saint-Honoré

d'après l'Atlas du Plan
de Paris par districts.
Archives Nationales
N^4 (*Seine*) n° 71.

3

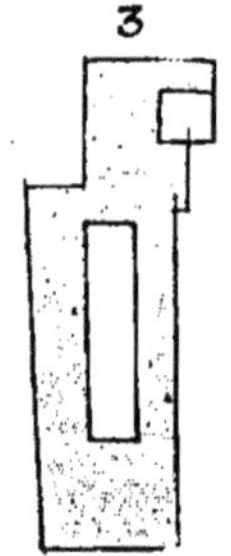

Rue Saint-Honoré

d'après le plan de Bellanger et Vasserot
1818 à 1830
n° 398

4

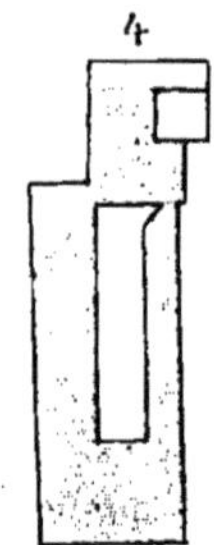

Rue Saint-Honoré

État actuel
d'après les plans joints aux titres de
propriété n° 398

place, à gauche de la cour, avec le grand hangar qui y est adossé; et même, au levant, c'est-à-dire à droite, le petit bâtiment signalé par le bail.

Et voici maintenant (pl. III, n° 2) le plan de Paris par districts (1790). — Même disposition; même distinction des deux logis; même aile en retour à l'ouest; même hangar; même habitation au fond de la cour; même petit bâtiment à l'est.

Et voici encore le plan de Vasserot (pl. III, n° 3), où figure pour la première fois, en face de l'aile ancienne, l'aile neuve construite à droite de la cour par Rouilly en 1811 — comme on verra plus loin — et la portion de terrain acquise par lui en 1812, dans des conditions que j'expliquerai, le moment venu.

Et enfin voici l'état actuel, conforme aux précédents!

L'identité de ces maisons n'est pas douteuse; la forme seule du terrain suffirait à l'établir. — Mais il y a plus :

Sur le plan de la censive, notre maison, pour qui va de la rue de Luxembourg (aujourd'hui Cambon) à la rue Royale, est la *huitième* à main droite à partir du passage qui mène à l'église du couvent.

Sur le plan des districts, elle est la *huitième*.

Sur le plan du Terrier du Roi (Archives, Q[1]1099[3]), où nous retrouvons la même forme du terrain, mais sans détails, elle est la *huitième!*

Sur le plan Vasserot, quand la rue Duphot, ouverte sur le passage de l'Église, a seulement écorné la maison d'angle, sans la supprimer, elle est encore la *huitième*. — Et, de plus, elle porte le n° 398, qu'elle n'a jamais quitté depuis, qu'elle porte encore!

Pesez bien ceci, Hamel : 398! — C'est donc la nôtre!

Sur le plan cadastral de 1815, même forme générale, même rang : la *huitième!* même numéro : 398 !

Sur le plan Jacoubet, 1836, même rang : la *huitième!* même numéro : 398 !

Si Hamel ne trouve pas ces preuves d'identité suffisantes, je ne sais vraiment pas ce qu'il lui faut.

Mais en voilà bien assez, je pense, pour établir :

1° Que l'aile du couchant était bien à gauche de la cour, c'est-à-dire à l'ouest, comme je ne cesse de le crier à Hamel depuis quatre mois ;

2° Que de 1786 à l'heure présente la forme du terrain n'a jamais varié,

Et qu'elle n'a jamais été un parallélogramme parfait, comme le déclare Hamel, sans autre témoignage que celui du plan Turgot, — où la maison n'est pas !

VI

Hamel veut-il d'autres preuves encore?

Le lecteur a sûrement remarqué les gravures anciennes reproduites en tête de cette brochure et leur concordance avec les plans que je viens de mettre sous ses yeux (Pl. I et II).

C'est à ces dessins d'autrefois que je dois, non pas comme le dit Hamel, par un badinage un peu lourd, de retrouver tout l'état ancien dans l'état présent de l'habitation; mais d'avoir conçu des doutes sur l'exactitude de ses affirmations. Après quoi, une étude attentive des documents, où le savoir et la perspicacité de mon ami Lenôtre m'ont été d'un précieux secours, m'a donné l'assurance que Hamel s'est fourvoyé sur tous les points d'une façon lamentable!

Le premier dessin est l'œuvre de Duplessis-Bertaux; il est emprunté au tome II des *Tableaux de la Révolution*, publiés par Didot en l'an XIII : c'est l'arrestation de Cécile Renaud sous le porche de la maison Duplay.

Voici bien la grande voûte d'entrée, le bâtiment du fond, avec son pignon, son rez-de-chaussée et son premier étage.

A gauche, l'aile en retour. Au premier plan, le grand escalier, tel qu'il était alors, au débouché de la voûte; puis la remise. Puis le grand hangar faisant corps avec l'atelier, et, au-dessus, les quatre fenêtres qui existent encore; la plus rapprochée de l'escalier, celle de Simon Duplay; la suivante, celle du petit Duplay; la troisième, celle de la chambre de Robespierre; la quatrième, celle du cabinet attenant à la cage de l'escalier de bois; — le tout absolument conforme à la description de Mme Lebas. (Voir page 58.)

Il est évident que Duplessis-Bertaux, qui, dans toutes les gravures de l'ouvrage en question, s'est appliqué, ainsi que ses collaborateurs, Prieur, Girardet, Swebach-Desfontaines, à reproduire les localités parisiennes avec la plus grande exactitude, est venu là de grand matin, comme l'indique la projection des ombres, et a dessiné la maison telle qu'il la voyait, sans autre licence que d'en exagérer les dimensions. — Quelle date faut-il attribuer à ce dessin? 1794 ou 1804? — Peu nous importe, puisque nous savons, Hamel et moi, qu'en 1804 la maison était exactement telle qu'en 1794.

Il ne reste même pas à Hamel la ressource de prétendre que, si la fameuse aile est ici à gauche, c'est que le dessin a été retourné par le graveur, et que par conséquent il faut la voir à droite. Car, de toutes les gravures de l'ouvrage en question, il n'en est pas une seule dans ce cas; toutes les vues parisiennes sont orientées comme elles doivent l'être, — et, de plus, le garde national porte son sabre à gauche. Si le dessin était retourné, le sabre serait à sa droite. Et ce n'est pas Duplessis-Bertaux, peintre de soldats, qui eût commis une telle faute.

Le second dessin confirme le premier.

Celui-là est pris au *Paris historique* de Charles Nodier et Christian (Paris, Levrault, 1838), qui a pour but de figurer, avec de courtes notices, les monuments ou maisons de Paris auxquels se rattache quelque souvenir historique, en les dessinant d'après nature, s'ils sont encore debout ; dans le cas contraire, d'après des images antérieures.

A première vue, on pourrait croire que l'artiste n'a fait ici que reproduire la gravure précédente. On y remarque pourtant des détails qui laissent supposer que c'est une vue indépendante de la première. Quoi qu'il en soit, le témoignage de Nodier, qui pourrait être suspect en d'autres matières, ne l'est pas sur ce point. Il n'était pas seulement des premiers romantiques soucieux des souvenirs du vieux Paris ; — mais aussi un historien de la Révolution, où il se figurait avoir joué un petit rôle, et de Robespierre, dont il a, l'un des premiers, tenté la réhabilitation. Il a dû souvent dans sa jeunesse regarder cette maison, qui s'offrait d'elle-même aux regards, dans une rue des plus fréquentées : et il n'aurait pas admis dans son livre une vue de fantaisie. Son témoignage est donc un brevet d'authenticité. — D'ailleurs, je ne donne ce dessin que par dessus le marché et pour faire à Hamel la bonne mesure. — Celui de Duplessis-Bertaux me suffit amplement.

Que si l'on veut bien comparer ces deux vues à celle de l'état actuel, on comprendra que mon attention ait été mise en éveil, surtout quand j'ai vu, scellées encore dans le mur, à gauche, les consoles de bois qui portaient la toiture du grand hangar, sur laquelle, dit Mme Lebas, s'ouvrait la fenêtre de Robespierre (Pl. IV).

MAISON DUPLAY

État actuel.

VII

Et ce hangar, lui aussi, va me fournir une preuve décisive.

Que dit le bail?

Que l'habitation possède « une cour, avec hangar de *chaque côté*, dont un grand *au couchant* ».

Le petit était donc de l'autre côté, c'est-à-dire *au levant.*

Et que dit Hamel lui-même, d'après Mme Lebas?

« De chaque côté de la cour étaient des hangars, au nombre de deux : *l'un formant l'atelier des ouvriers*, l'autre, *plus petit*, servant de chantier pour le bois. — Et la chambre de Robespierre était située immédiatement *au-dessus du hangar où travaillaient les ouvriers.* »

Par conséquent au-dessus du plus grand.

Voilà donc qui est bien entendu : — le grand hangar sert d'atelier aux ouvriers, et il est au couchant, adossé à l'aile en retour, où sont les chambres des jeunes Duplay et celle de Robespierre.

Le petit hangar, au contraire, est au levant, de l'autre

côté de la cour, — là où il n'y a qu'un mur de clôture, — et le bâtiment signalé par le bail : c'est-à-dire les cabinets d'aisances.

Voyons les conséquences.

Après Thermidor, Duplay, juré au tribunal révolutionnaire, échappé au supplice de ses collègues, rentre chez lui, à peu près ruiné. Il est pourtant en mesure, le 22 prairial an IV, d'acheter la maison, vendue comme bien national, — et, par un acte en date du 29 frimaire an V, il en cède la moitié indivise à son gendre Auzat.

Une convention règle la part de chacun dans la possession de l'immeuble : et, entre autres stipulations, dont je fais grâce au lecteur, comme indifférentes à la cause, elle dit[1] :

« Le sieur Auzat aura la jouissance de la première travée du *grand hangar*. »

Donc celui qui est au couchant.

« Et le sieur Duplay aura la jouissance des deux autres travées du *grand hangar* et de toutes les chambres qui sont au-dessus. »

Mais de quel côté est-il, ce *grand hangar*, et, par conséquent, l'aile auquel il est adossé, et, par suite, toutes les chambres au-dessus, y compris celle de Robespierre?

A droite de la cour, comme le prétend Hamel?

Ou à gauche, comme je ne cesse de le lui prouver?

La convention va répondre, et de la façon la plus catégorique, car elle ajoute :

« Et, en outre, le sieur Duplay aura la jouissance du hangar A DROITE DE LA COUR EN ENTRANT. »

1. Voyez notes, A.

Par conséquent, du petit, puisque l'autre est le grand!

Mais si le petit est *à droite de la cour en entrant*, le grand est donc *à gauche de la cour en entrant*, puisqu'ils sont de chaque côté de la cour.

Et si le grand hangar est à gauche, les chambres au-dessus sont apparemment du même côté, et par conséquent l'aile où sont les chambres.

L'aile au couchant est donc à gauche de la cour!

Réfléchissez, Hamel! — Il ne s'agit plus, mon vieux camarade, d'équivoquer sur le levant ou le couchant. — Gauche! — Droite! — Y êtes-vous?

VIII

Voyons maintenant ce qu'il faut penser de l'obstination de Hamel à déclarer que, de la vieille maison de 94, rien ne subsiste.

En 1795, Duplay est arrêté de nouveau, avec son fils Maurice et Simon Duplay, comme affiliés à la conspiration de Babeuf. — Après quatorze mois de prison, il s'en tire encore; mais cette fois la ruine est si complète qu'il est forcé, dit Philippe Lebas[1], de céder toutes ses propriétés à ses créanciers et, de quinze mille livres de rentes qu'il avait en 89, il lui en reste à peine douze cents.

Le 13 messidor an IX, Auzat cède sa moitié de l'habitation à Rouilly, bijoutier, qui occupe une des deux boutiques sur la rue.

Et enfin, le 10 août 1810, les créanciers de Duplay cèdent l'autre moitié à Rouilly, qui se trouve ainsi propriétaire du tout.

Il songe dès lors à en faire une grande maison de rapport,

1. Biographie de Duplay par Philippe Lebas. (*Dictionnaire encyclopédique de la France*; Didot.)

et, dans ce but, son architecte, Dufaud, lui prépare des plans, qui sont tous au dossier de M. Vaury, avec cette mention :

« Plans, coupes et élévations des constructions à exécuter pour le compte de M. Rouilly, dans sa propriété rue Saint-Honoré, à commencer le 15 novembre, 1811. — Signé, L'architecte Dufaud. »

En tête de ce dossier, nous avons les plans du premier bâtiment construit en 1811, à droite de la cour, sur l'emplacement du petit hangar, — et construit, disons-le, dans des conditions déplorables.

L'étroitesse de la cour est telle que, si mince que soit ce bâtiment, et malgré l'effort de l'architecte à le rétrécir encore plus à son point de rencontre avec le bâtiment du fond, il n'est élevé qu'à la condition d'aveugler au trois-quarts deux des fenêtres de ce bâtiment, ainsi qu'on peut le constater sur place.

Pour le reste de l'immeuble, le projet de Rouilly est bien de tout surélever; mais il est forcé d'y renoncer pour tout le corps de logis sur la rue : car il est simple en profondeur, c'est-à-dire sans mur intérieur parallèle à la façade, et il ne faut pas songer à monter des étages sur une construction si profonde et si mal étayée.

En conséquence, on prend le parti de reconstruire ce bâtiment de la base au faîte, double en profondeur; et l'on en profite pour donner un peu plus d'air et d'espace à la cour déjà rétrécie et assombrie par l'aile de 1811, en diminuant la profondeur du bâtiment neuf entre les deux ailes; ce qui réduit d'autant la longueur de la voûte d'entrée. Par suite, le grand escalier de l'aile du couchant ne se trouve plus au débouché de cette voûte, comme on le voit dans le dessin de Duplessis-Bertaux, mais un peu plus loin, et, dans l'intervalle, on trouve place pour une fenêtre. La voûte enfin n'est pas seulement réduite en longueur, mais, pour donner plus de développement aux boutiques latérales, elle est rétrécie en largeur des deux tiers environ. — Et ainsi, au lieu de la longue voûte d'autrefois, assez large pour être, dit Barras, « garnie de planches », on n'a plus que l'étroit couloir d'entrée que tout le monde peut voir aujourd'hui.

Voilà pour le bâtiment sur la rue, où rien ne subsiste de l'ancien état. — Passons à celui du fond.

Ici la surélévation n'offrait aucune difficulté. — Construit sur bonnes fondations, avec de solides murs de refend se fortifiant l'un par l'autre, il avait des épaules à porter quatre et cinq étages. — Hamel, qui veut absolument que ce logis du fond ait été reconstruit en entier, déclare que Dufaud démolit tout, creusa des caves et avança la construction nouvelle de trois mètres environ sur la cour !...

J'admire à quel point mon adversaire a l'affirmation facile. Tout ce qui lui semble utile à sa thèse, il le donne comme un fait acquis, avec une assurance que je lui envie et qui fait dire à son lecteur : « Faut-il que Hamel ait des documents plein les mains pour affirmer que cette saillie-là est de trois mètres environ, — et pas de quatre !... »

Et Hamel n'a rien ! — Pas un témoignage, pas une preuve !

Démolition, saillie, caves : tout est supposition gratuite, basée sur la prétendue impossibilité de surélever par de nouveaux étages un bâtiment bâti sur terre-plein.

« Sardou, — s'écrie Hamel, — Sardou, qui est un homme

REZ-DE-CHAUSSÉE

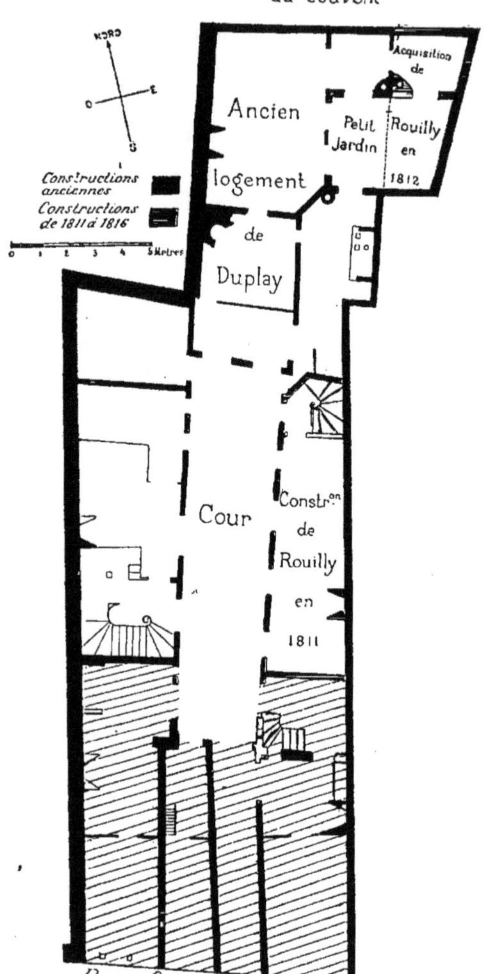

PREMIER ÉTAGE

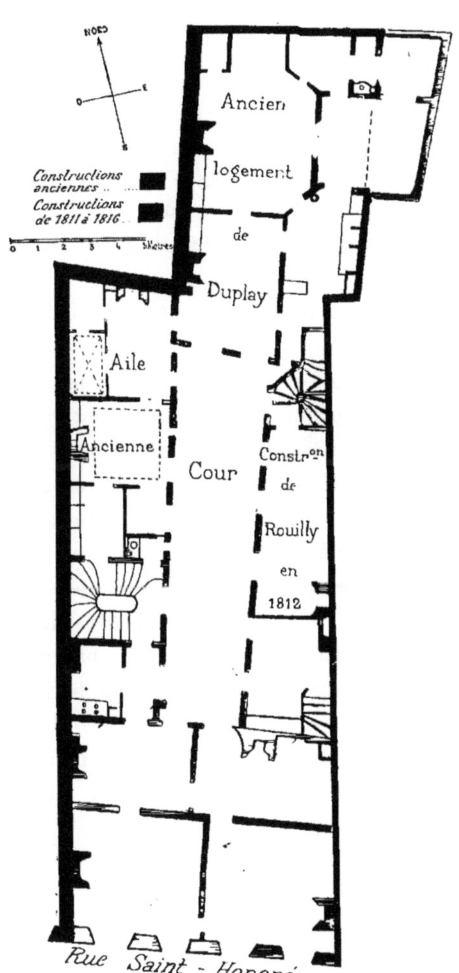

pratique, peut-il admettre que ces constructions eussent été capables de supporter les *bâtisses énormes* que l'on voit aujourd'hui? »

Ces *bâtisses énormes* consistent en deux petits étages et un comble !

Et Sardou, qui est un homme pratique, s'incline devant les faits positifs.

Or c'est un fait positif que les caves construites, au dire de Hamel, en 1816, ne datent que du second Empire.

C'est M. Vaury, propriétaire actuel, qui les a creusées dans les fondations en 1865 !

Hamel ne s'est guère trompé que d'une cinquantaine d'années !

Et c'est encore un fait positif, — les plans sont là, — que Dufaud n'a supprimé de l'ancienne construction que le grenier, et qu'il a construit tranquillement ses deux étages sur le rez-de-chaussée et le premier, respecté jusque dans ses boiseries. — Les trois mètres de saillie sur la cour sont aussi réels que les caves chimériques sur lesquelles Hamel bâtit toutes ses hypothèses !

Quant à l'aile du couchant, vu ses petites dimensions intérieures et son maintien d'appui sur les bâtiments voisins, la surélévation était facile. — Dufaud se borna à remanier au rez-de-chaussée et au premier les abords du grand escalier, pour se raccorder avec le nouveau bâtiment de la façade, à établir une cave sous ces parties refaites et à déplacer des cloisons au premier.

Et pour me fournir la preuve de tout ce que j'avance, il eut soin de dresser les plans détaillés de toutes ces constructions, indiquant en *rouge* les parties neuves ou remaniées; en *noir* tous les bâtiments anciens qu'il avait conservés, ceux précisément qui nous intéressent : — le logis du fond, habité par Duplay; l'aile au couchant, habitée par Robespierre.

Je donne ici, pour le rez-de-chaussée et le premier, l'assemblage des plans partiels de Dufaud, qui sont aux mains de M. Vaury (Pl. V et VI).

IX

Naturellement, Hamel se retranche derrière ceux qui l'ont renseigné.

« Quel intérêt, dit-il, Mme Lebas et les Duplay auraient-ils eu à me tromper, en me disant que l'habitation avait été détruite de fond en comble et qu'il ne restait rien de l'ancien état? »

Aucun évidemment! — Aussi ne l'ont-ils pas trompé. Ils se sont trompés et lui ont fait partager leur erreur, voilà tout.

En voyant sur la rue, à la place de deux petits corps de logis à un seul étage, cette grande maison qui en a cinq; au lieu de la large et longue voûte d'autrefois, ce petit couloir étroit : et, au delà, cette cour, jadis très claire, aujourd'hui assombrie par les bâtiments qui l'entourent, comment n'auraient-ils pas été persuadés que tout, absolument tout, avait été refait à neuf?

Qui de nous, allant revoir quelque habitation de sa jeunesse transformée ou démolie, ne s'est éloigné tristement, sans prendre le soin de vérifier si du passé rien n'avait survécu?

Pour s'en assurer, il aurait fallu que Mme Lebas visitât la maison. Hamel ne peut pas dire qu'elle ait jamais fait cette visite bien inutile, puisque, à son avis, rien ne subsistait de la maison paternelle. Il a beau conclure pour l'affirmative, sous prétexte qu'elle avait de bons rapports avec Rouilly. — L'argument est médiocre. — Tout en nous chamaillant sur Robespierre, Hamel et moi, chaque fois que nous nous rencontrons, nous n'avons jamais eu que de bons rapports...

Et je n'ai jamais mis les pieds chez lui...
Et il n'a jamais mis les pieds chez moi...

A défaut de Mme Lebas, Hamel se retranche derrière d'autres témoins :

« Ces bâtiments ont été reconstruits sous mes yeux, avec toute la précision possible, le plan à la main, par ceux qui les avaient habités, qui y avaient été élevés, et qui en avaient fixé le souvenir dans leur mémoire et dans leur cœur ! »

Les noms de ces gens-là..., Hamel ne les donne pas. — Il aime bien ces phrases vagues, insinuantes, qui suggèrent à son lecteur la croyance qu'il s'est promené dans l'habitation, en compagnie de tous « les survivants de la famille Duplay, avec lesquels il était lié »...

Si ces « survivants » lui avaient montré, au côté droit de la cour, ce que, dans leur jeunesse, ils avaient toujours vu à gauche, — on devrait les supposer un peu fatigués par l'âge...

Mais il y a mieux : — c'est qu'à l'heure où ils lui décrivaient la demeure « avec tant de précision », — ils étaient tous morts!

Le père et la mère Duplay, Maurice Duplay, Simon Duplay, Éléonore, Victoire, Sophie!... tous les anciens habitants de la maison, tous les « survivants! »... tous morts!...

Sauf Mme Lebas, qui n'a jamais rien reconstruit sous les yeux de Hamel...,

Et Philippe, son fils, qui était parfaitement incapable de le faire,

Car, étant né la veille de Thermidor, il n'était qu'un marmot quand son grand-père, après l'affaire Babeuf, dut céder à ses créanciers tous ses immeubles, y compris celui-là. En sorte que, lorsqu'il habitait la maison paternelle, il était bien trop jeune pour la voir; et quand il fut d'âge à la voir, il y avait beau jour que Duplay s'était refugié au nº 8 de la rue d'Angoulême!

Et la preuve qu'il n'en avait conservé aucun souvenir exact, c'est Hamel lui-même qui va me la fournir.

Il nous apprend que, Mme Lebas, ayant confié son manuscrit à Lamartine, celui-ci fit paraître dans le *National* le passage de ses *Girondins* relatif au séjour de Robespierre dans la maison Duplay. — Il fourmillait d'erreurs. — Lebas se plaignit à Lamartine, qui lui envoya les épreuves de son livre, en le priant de le corriger lui-même. « Lebas refit, dit Hamel, tels que nous les voyons aujourd'hui, les passages concernant la vie privée de Robespierre. »

Et dans ces passages des *Girondins* refaits par Lebas, nous voyons que « Robespierre habitait une chambre basse, *construite en forme de mansarde et dont la fenêtre s'ouvrait sur le toit*, et que les deux jeunes Duplay habitaient également *sous les combles* ».

C'est faux à crier! — Hamel le sait aussi bien que moi. L'étage occupé par Robespierre et les jeunes Duplay n'a jamais été mansardé avec fenêtres sur les toits!...

Invoquez donc le témoignage d'un homme qui loge Robespierre dans une mansarde qui n'a jamais existé!

X

Après la famille Lebas, que Hamel fait si largement responsable de ses erreurs, il introduit un nouveau groupe de témoins, — que dis-je, un groupe? — un cortège! — Celui des vieillards qui, lors de l'apparition de son livre, il y a trente ans, sont venus le « ... remercier chaleureusement de la fidélité avec laquelle il avait reconstruit, pour l'avenir!... la maison légendaire de Duplay!... »

C'est un beau spectacle, assurément, que ce long défilé de vieillards venant féliciter Hamel à la façon du chœur antique! — Mais ces compliments n'étaient pas pour lui...

Dans son livre il s'était borné à reproduire la description de Mme Lebas, sans la dénaturer, comme il fait aujourd'hui, par ses erreurs personnelles d'orientation, de configuration du terrain, etc., etc.

C'est à cette description, à elle seule, que s'adressaient les félicitations de ces vénérables ancêtres. Et Hamel abuse un peu de l'équivoque, quand il s'autorise de leurs compliments d'autrefois, pour faire approuver sa brochure actuelle par de bons vieillards qui sont morts sans l'avoir lue!...

Puis ce sont les républicains de 1830 que Hamel appelle à son aide, — et qui, ayant, à ce qu'il prétend, le culte de Robespierre, si sa maison n'avait pas été détruite, n'auraient pas manqué d'en révéler l'existence.

J'ai connu quelques républicains de 1830. — Ils n'étaient pas tendres pour le grand-inquisiteur de la Révolution française; et leur opinion était celle de toute l'école du *National*. — Quant à la maison Duplay, ils s'en souciaient si peu, que la croyant disparue lors du percement de la rue Duphot, aucun d'eux n'a pris la peine de s'en assurer. Le numéro même, qui n'a jamais varié depuis l'Empire, ils l'ignoraient ; et la preuve de cette indifférence se retrouve chez tous les chercheurs et curieux de la topographie parisienne :

Saint-Fargeau loge Robespierre au n° 404 ou 406 ;

Lefeuve, au deuxième étage du n° 396;

Lazare, entre les numéros 382 et 384 (*sic*), c'est-à-dire dans la rue!...

Et ainsi des autres!...

Et tous, bien entendu, ou presque tous, répètent invariablement qu'elle a été détruite par la rue Duphot, qui, dans sa partie la plus rapprochée du 398, en est encore à quinze mètres.

Esquiros est à peu près le seul à déclarer ingénuement que « la maison a bien changé de physionomie..., mais qu'elle est toujours à la même place! »

XI

Le défilé des témoins prend fin par le groupe des locataires, voisins, passants et autres comparses :

« J'ai habité, dit Hamel, toute une partie de ma jeunesse, jusqu'à mon mariage, aux environs de la maison Duplay, et, en 1860, je demeurais au numéro 370 de la rue Saint-Honoré, à quelques pas seulement du numéro 398. Une des deux boutiques de la maison était occupée alors par un fabricant d'appareils et de poudre d'eau de Seltz, que nous nommions le père Febvre, et qui était un des plus anciens locataires. Que de fois je suis entré dans sa boutique, avec l'un et avec l'autre, pour lui faire donner des explications sur les changements qui s'étaient produits dans l'immeuble depuis les jours de la Révolution ! »

Tout s'explique !...

Étonnez-vous maintenant des idées fausses de Hamel, qui va récolter dans cette boutique les traditions, légendes et cancans dus à la collaboration de la portière avec le commissionnaire du coin et la laitière d'en face !

Voyez-vous le père Febvre, installé là depuis Louis-Phi-

6

lippe, décrivant à Hamel la maison de 1794! Et quel cicerone que le célèbre inventeur de la poudre pour fabrication artificielle de l'eau de Seltz à domicile, plus fameux encore par ses hâbleries!...

Il s'appelait Didier Febvre, et en profitait pour écrire sur ses prospectus et étiquettes : « — Dr Febvre, — Docteur Febvre!.. »

Voilà un gaillard digne de foi et qui a dû se gêner avec Hamel pour lui fabriquer des renseignements artificiels à domicile, aussi sérieux que son doctorat.

Le témoignage d'un locataire n'aurait eu quelque valeur, que s'il était installé là depuis le Directoire, le Consulat ou l'Empire; ayant connu l'habitation avant les travaux de Rouilly, les ayant vu s'accomplir sous ses yeux. Alors, oui, on pouvait prendre ses dires au sérieux, quitte à les contrôler ensuite.

Eh bien! il existait, ce locataire, ou plutôt ils existaient, car ils étaient deux : le mari et sa femme, M. et Mme de Bellechère. Deux nobles — mais quel titre pour la dame égalait un tel nom? — Deux nobles, dis-je, ruinés par la Révolution, et qui avaient succédé à Duplay dans le bâtiment du fond. Ils y avaient installé, au rez-de-chaussée, une papeterie et une petite fabrique de cartonnages, cartes de visite, etc. Leur clientèle était assez aristocratique, et Mme de Bellechère disait volontiers à ses acheteurs : « Vous êtes ici dans la salle à manger de Robespierre! »

Et c'était parfaitement exact. — Sa boutique était l'ancienne salle à manger de Duplay, de qui elle tenait ce renseignement; comme je tiens moi-même ces détails d'un témoin encore vivant, dont le nom étonnerait bien Hamel.

Ceux-là, oui, étaient des guides sérieux. Ils avaient vu

l'ancien logis. Ils avaient assisté à la surélévation. Ils s'étaient même plaints du tort fait à leur commerce par cette maçonnerie. Ils auraient pu certifier à Hamel que pas un jour, un seul, depuis leur installation, ils n'avaient été délogés de leur boutique, pour que le bâtiment fût démoli et reconstruit sur caves; et que tout était dans le même état qu'au jour de leur entrée, sauf une cloison vitrée qu'ils avaient établie dans la boutique, et qui depuis a disparu.

Ils étaient encore là en 1846. — Plût au ciel que Hamel, leur voisin, eût songé alors à leur commander des cartes de visite! — Nous n'aurions pas, en ce moment, à remuer tant de vieilles pierres !

XII

Pour sa défense, Hamel invoque un argument qui ne manque pas d'éloquence :

C'est qu'il ne s'est jamais trompé !

« Car, dit-il, je ne me suis jamais risqué, pour ma part, à avancer un fait historique qu'en l'appuyant sur des preuves aussi probantes que possible ou d'incontestables témoignages. »

Toutefois il faut en rabattre. — Témoin l'affaire Saint-Just, qui vaut la peine d'être contée.

En 1852, Édouard Fleury publie chez Didier une étude sur Saint-Just. Il nous dit que Saint-Just, dans sa jeunesse, avait été enfermé au couvent de Picpus-de-Vailly, maison de correction pour les fils de famille libertins et insoumis.

A quelques années de là, paraît la biographie de Saint-Just par Hamel, et le pauvre Fleury y est traité de belle sorte pour avoir calomnié un être si pur. Il faut voir quelle volée de bois vert Hamel administre au pamphlétaire qui outrage à ce point le Saint-Just de la légende, le jeune Spartiate aux mœurs austères... :

« Nous flétrissons de toute notre indignation d'honnête homme les calomnies éditées plus ou moins récemment sur le compte de Saint-Just...

« M. Fleury eût été trop désolé de laisser passer intacte cette réputation d'honnêteté domestique, si longtemps respectée par les ennemis mêmes de Saint-Just.

« Encore si M. Fleury eût cité une source bien insignifiante, bien vague même; s'il eût nommé une seule des personnes auprès de qui il a pris ses renseignements! Mais non. Rien! rien!

« L'histoire de cette détention est une pure fable, il est facile de le démontrer. Mieux au reste que M. Fleury, j'ai pu avoir des renseignements exacts sur les habitudes de la vie privée de Saint-Just, *dont la famille était alliée à la mienne, et qui jusqu'à sa mort a vécu dans la plus complète intimité avec mon grand-père*... Nous possédions une grande quantité de lettres, dont malheureusement la plupart ont été perdues, il y a quelques années, dans un incendie. Les lettres attestaient *la sainte harmonie qui régna toujours entre la mère et le fils*... Il vivait en famille auprès de sa mère et de ses sœurs, *administrant avec sagesse le modeste patrimoine laissé par son père*, et montrant déjà l'exemple d'une austérité de mœurs dont il ne se départit jamais par la suite.

« Le souvenir de la prétendue réclusion au couvent de Picpus serait certainement resté dans ma famille : jamais je n'en ai entendu parler. Quant à la preuve matérielle, je la trouve, pour les années qui précèdent 1790, dans le silence des registres sur lesquels le directeur de Picpus n'eût pas manqué de coucher le nom de Saint-Just.

« Aujourd'hui, en faisant justice d'un odieux libelle, il me semble en vérité accomplir un acte de piété filiale[1] ! »

Comment douter, après cela, que Hamel ait cent fois raison contre Fleury ? Quelles garanties de vérité ! pensez donc. — Il fait son enquête à Blérancourt, patrie de Saint-Just; à Picpus, lieu de sa détention.... Il interroge les parents, les amis, les vieillards !... Il fouille les registres; il dépouille les correspondances !... Il procède enfin comme pour la maison Duplay. — Et ses sources d'information sont bien autrement sérieuses ! — Ce n'est plus une famille étrangère qui le renseigne : c'est la sienne; c'est son propre grand-père, ami intime de Saint-Just jusqu'à sa mort !...

Et c'est Fleury qui a raison !
Et c'est Hamel qui calomnie Fleury !

Car Fleury est resté au-dessous de la vérité. — Ce n'est pas pour libertinage que Saint-Just a été enfermé à Picpus.

C'est pour vol domestique !

Dans la nuit du 14 au 15 septembre 1786, après avoir indignement malmené sa mère, avec laquelle *il vivait en si sainte harmonie !...* et qui, lasse de son inconduite, lui refusait l'argent réclamé avec insolence, Saint-Just force le meuble

1. HAMEL, *Hist. de Saint-Just*, chapitre III.

où elle serrait ses objets les plus précieux, y prend des écuelles, des tasses, des timbales d'argent, une bague fine faite en rose, une paire de pistolets garnis d'or, etc., etc., et part pour Paris avec tout ce butin!

Le voilà bien, le jeune Spartiate!...

La mère, désolée, écrit à M. de Crosne, lieutenant de police, pour le supplier de faire arrêter et interner son fils. Le « chaste jeune homme » est arrêté dans un hôtel borgne de la rue Fromenteau, quand il a déjà vendu toute l'argenterie maternelle, « *en homme qui administre avec sagesse le modeste patrimoine laissé par son père* ».

A la requête de Mme de Saint-Just et en vertu d'une lettre de cachet signée Breteuil, il est enfermé à Picpus,— barrière du Trône,— maison de correction, prison de famille, tenue par la dame Marie de Sainte-Colombe, et y reste six mois; après quoi, il est relâché à la demande de sa mère.

Ai-je besoin de dire que M. de Crosne a été guillotiné en 1794, et que le chevalier d'Evry, vieil ami de Mme de Saint-Just, qui s'était entremis pour l'internement de son fils, incarcéré le 5 ventôse an II, ne fut relâché qu'après Thermidor, comme n'ayant été arrêté, dit l'ordre du Comité de sûreté générale, « que pour avoir dévoilé à Crosne les outrages dudit Saint-Just envers sa mère »?

Et en face de la légende, voilà l'histoire!...

Fleury s'était trompé sur un point. Il avait indiqué Picpus-de-Vailly comme lieu de détention. Hamel, lancé sur cette fausse piste, et n'ayant rien trouvé, en avait conclu que tout était faux; et avec ce bel entrain qui lui fait prendre l'ouest pour l'est, confondant les deux Picpus, il était parti en guerre, d'autant plus sûr de la victoire que Fleury s'avouait dénué de toute preuve.

Or elles existent, les preuves, aux Archives[1], et nombreuses et accablantes. Toute la correspondance de Mme de Saint-Just, du chevalier d'Evry avec M. de Crosne, les lettres des sœurs, celles de Saint-Just; le procès-verbal d'arrestation, d'interrogatoire, d'internement, de sortie! Vatel et Campardon avaient signalé le fait; M. Begis a découvert les pièces et les a publiées tout au long dans l'Annuaire de la Société des Amis du livre (1892).

Que Hamel est donc le bienvenu après une telle aventure, à se proclamer infaillible!...

Et qu'il a donc bonne grâce à me traiter dédaigneusement d'« historien secondaire », qui joue de la Révolution comme Ingres jouait du violon.

J'en râcle toujours assez pour lui faire entendre ce petit air. — Et je lui en jouerais d'autres,... si j'en avais le temps!

1. Carton F[7] 4595.

XIII

Le gros argument de Hamel, en dehors de son infaillibilité, celui qu'il croit sans réplique; c'est le plan, le fameux plan, qu'il attribue à Mme Lebas, et qu'il brandit de façon triomphante.

Avant de calmer cette ivresse, arrêtons-nous un moment à la description de Mme Lebas.

Dans un manuscrit où elle a consigné ses souvenirs de jeunesse, et qui par elle ou par son fils a été communiqué à Lamartine, Michelet, Esquiros, Hamel et quelques autres, elle a décrit la maison paternelle avec une exactitude qui n'est pas contestable.

En quelles mains est aujourd'hui le manuscrit original, je l'ignore, et je ne connais la description que par les historiens que je viens de nommer.

De ces reproductions, la plus fidèle et la plus complète est assurément celle que Hamel a publiée en 1867, au tome III de son *Histoire de Robespierre*.

Aujourd'hui il nous offre une nouvelle reproduction, — qui, par quelques points, diffère de la première.

Il est regrettable qu'il n'ait pas compris que, dans une discussion comme la nôtre, il était strictement de son devoir de nous donner le texte original de Mme Lebas, sans interpolations, coupures, ni retouches...

A ce rôle de copiste il a préféré celui d'interprète; en sorte que ce n'est plus Mme Lebas qui parle : c'est lui qui décrit pour elle, sauf un passage de six lignes guillemetées, où il lui laisse directement la parole.

Il en résulte que, dans la chaleur de ses convictions, il croit pouvoir les fortifier, aux yeux du lecteur, par quelques petites adjonctions de son cru au texte primitif.

Il trouvera bon que je m'en tienne à sa première description : celle de 1867, — qui a le mérite d'être plus naïve — et que je la reproduise ici intégralement, avec les six lignes sus-mentionnées. J'aurai soin de signaler en note les touches de création récente, où Hamel se fait, de la meilleure foi du monde, mais un peu légèrement peut-être, le collaborateur de Mme Lebas.

Après avoir reproduit les termes du bail de Duplay en ce qui concerne les bâtiments, Hamel ajoute, d'après Mme Lebas :

« ... Deux boutiques, situées l'une à droite, l'autre à gauche de la porte cochère, étaient occupées, celle-ci par un restaurateur, celle-là par un bijoutier nommé Rouilly, devenu plus tard propriétaire de la maison. De chaque côté de la cour étaient des hangars, au nombre de deux. L'un formait l'atelier des ouvriers; l'autre, plus petit, servait de chantier pour le bois. Au bout de ce dernier se trouvait un jardin de vingt pieds carrés environ[1], au milieu duquel on

1. Adjonction de Hamel dans le nouveau texte : « Allant jusqu'au hangar de gauche !... » Le hangar en bois !... Nous savons à quoi nous en tenir.

voyait une corbeille de fleurs soigneusement entretenue par les enfants. Chacun d'eux avait, en outre, son petit coin de jardin à part.

« Le bâtiment du fond était l'habitation particulière de la famille Duplay. Il comprenait, au rez-de-chaussée, une salle à manger ouvrant de plein pied sur la cour par une porte vitrée, et communiquant avec un salon qu'éclairait une fenêtre sur le petit jardin. Derrière le salon était le cabinet d'études des enfants, prenant jour par des châssis sur le jardin du couvent des religieuses de la Conception, où les demoiselles Duplay avaient fait leur première communion. Il y avait dans la salle à manger un escalier en bois conduisant aux appartements. Au premier, à droite du carré, s'ouvrait la chambre des époux Duplay, pièce spacieuse derrière laquelle était la chambre à coucher des jeunes filles[1]. A gauche de l'escalier, on pénétrait dans un cabinet de toilette servant de passage pour aller dans une pièce assez basse[2] située immédiatement au-dessus du hangar où travaillaient les ouvriers, et n'ayant d'autre perspective que l'intérieur d'un magasin de bois. C'était la chambre de Maximilien Robespierre.

« A la suite de cette chambre, située au couchant dans le bâtiment en retour, venaient deux autres pièces, occupées

1. Adjonction du nouveau texte : « *Prenant jour sur le jardin du monastère.* » Il a bien fallu, en effet, imaginer ce jour-là, qui ne peut être qu'un jour de souffrance, Hamel étant dans l'impossibilité d'éclairer autrement les deux corridors qu'il leur donne pour chambres dans son plan.

2. Nouveau texte de Hamel : — « *située à l'entresol de l'aile du couchant.* » — Il n'y avait d'entresol dans l'aile du couchant qu'entre la rue et le grand escalier, au-dessus des boutiques. Aussi Mme Lebas n'en souffle pas mot dans sa description, et l'on n'en trouve pas trace dans le plan de Dufaud pour cette partie de l'habitation. — Et Hamel le sait si bien qu'il n'en a pas indiqué dans son propre plan.

l'une par Simon Duplay, neveu de l'hôte de Robespierre, l'autre par le jeune fils de Duplay, celui que Maximilien appelait *notre petit patriote*, et qui, bien qu'âgé de quatorze ans à peine, suivit dans une mission à l'armée du Nord Philippe Lebas, devenu son beau-frère. Quant à Simon Duplay, c'était un des glorieux volontaires de 1792. Engagé dans un régiment d'artillerie, il avait eu la jambe gauche emportée à la bataille de Valmy : aussi l'appelait-on Duplay à la jambe de bois !... Il avait été recueilli par son oncle, et comme il avait reçu une instruction assez soignée, il put servir de secrétaire à Robespierre, auprès duquel il demeura jusqu'au 9 thermidor. »

XIV

Examinons maintenant le fameux plan. Et d'abord constatons qu'il n'est l'œuvre de Mme Lebas que depuis le mois de mars dernier.

En 1867, c'était simplement (p. 283, tome III, *Hist. de Robespierre*) « un plan de cette maison qui nous a été donné jadis par M. Philippe Lebas, petit-fils de Duplay ».

Rien de plus ni de moins! — Si Philippe Lebas l'avait présenté à Hamel comme étant de la main de sa mère, on peut être assuré que Hamel n'aurait pas manqué de le crier bien haut, pour s'en prévaloir.

Du reste, je ne signale qu'en passant ce désaccord entre le Hamel de 1867 et celui de 1895, le document se refusant de lui-même à l'origine qu'on lui prête.

Hamel avait sûrement une belle partie à jouer. Armé de ce plan, il pouvait se dire : « Je coupe court à tout... Entre le témoignage de Mme Lebas et les assertions de Sardou, qui hésitera? — Il va de soi qu'elle connaît mieux que lui sa propre maison, — et qu'il est grotesque à vouloir discuter avec elle! »

Et, fièrement drapé dans le châle de Mme Lebas, Hamel pouvait braver tous les coups !...

Mais encore fallait-il que ce plan vainqueur eût le caractère de la vraisemblance, et ne fût pas en désaccord avec tous les documents authentiques que nous possédons, avec la description de Mme Lebas, et même avec le sens commun !..

Car enfin la première condition d'authenticité pour un plan d'habitation, c'est qu'il s'adapte à la forme du terrain où elle est située.

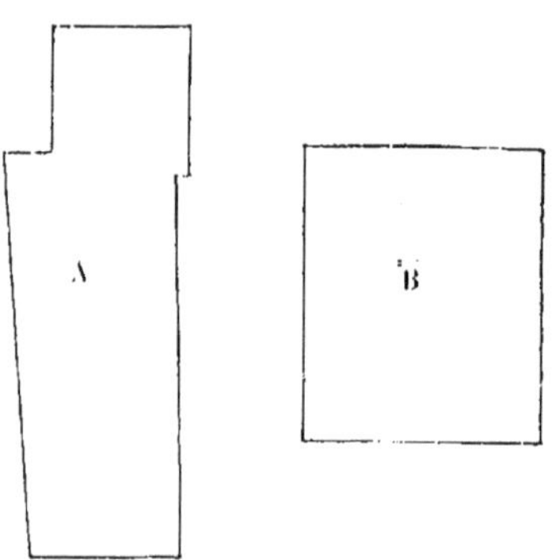

Donnez un coup d'œil, je vous prie, à ces deux figures... :

Voici en A le terrain tel qu'il est établi par tous les plans de la censive, du terrier, des districts, de Vasserot, du cadastre, etc..., et par la forme actuelle, qui n'a jamais varié...

Et voilà en B le tracé du plan que nous présente Hamel !

Tâchez d'accorder ces deux figures et de juxtaposer exactement l'une sur l'autre...

Or, la forme du terrain étant incontestable, l'absurdité même de ce plan qui ne peut pas cadrer avec lui nous dispense de le prendre au sérieux.

Hamel nous dit bien que le terrain a toujours été un parallélogramme parfait. Il oublie totalement d'en fournir les preuves.

ET JE L'EN DÉFIE !!

Mais comme il les remplace volontiers par des déclamations, il s'écriera « que Mme Lebas ne peut pas se tromper !... » Assurément non ! — D'où il faut conclure que les plans qu'il nous offre de l'état ancien (Pl. VII) sont d'une autre main que la sienne, aussi bien que celui de l'état actuel, « d'après les dossiers de l'architecte Dufaud, à ce qu'il assure ! »

Je les ai reproduits plus haut, les plans de Dufaud : on peut apprécier la valeur de cette affirmation...

Mme Lebas n'est donc pas en cause. Ce n'est pas avec elle que je suis en désaccord ; mais avec l'auteur du plan, ce qui est tout différent.

Et comme on voit bien ce qui s'est passé !...

Philippe Lebas trouve un jour, dans ses papiers de famille, un plan quelconque. Ce qu'était ce document original, on n'en sait rien, Hamel s'étant dispensé de nous en donner la reproduction photographique, première chose à faire. — Était-ce un projet?... un plan partiel du n° 398 ou total de l'une des trois maisons des rues de l'Arcade, d'Angoulême ou de Luxembourg? — ou plutôt une tentative maladroite de restitution de la maison Duplay par un des nombreux lecteurs du manuscrit Lebas? — Mystère ! — Toujours est-il que Philippe le remet à Hamel comme pouvant se rapporter à la maison de la rue Saint-Honoré, et que Hamel, sans plus d'examen, considère ce document comme aussi décisif que le registre de Picpus-de-Vailly, — qui toutefois n'était pas le bon Picpus !

Il parle : on s'incline, et sa décision est acceptée sans

contrôle ! — Trente ans se passent. — J'arrive et fais mon enquête. Hamel bondit, saisit son arme, le fameux plan, et constate qu'il ne lui sera d'aucun secours. Il prend une règle, un crayon, et, sur le tracé du terrain, tel qu'il est réellement, tâche de tout concilier : le bail, Mme Lebas, et ses propres erreurs ! — Vains efforts ! — Avec sa longueur et son échancrure, le terrain se refuse à tout caser, si l'on campe l'aile primitive à droite de la cour ! — De guerre lasse, il y renonce, trace son petit croquis, où il fourre tout à la diable, et s'écrie victorieusement : « Vous voyez bien que c'était un parallélogramme, puisque le voilà ! »

En effet, le voilà (Pl. VII). Mais comment?...

M. Vaury fils n'est pas seulement propriétaire du n° 398, mais aussi du n° 400, acquis par son père ; et des communications intérieures relient les deux propriétés. — Hamel emprunte à l'angle nord-ouest du 398 une portion du 400, avec la petite cour qui y est enclavée. Il adjoint le tout au 398, et il a son quadrilatère. — Ce n'est pas plus difficile que ça !

Eh ! là-bas, mon camarade !... cela rappelle un peu le paysan en contestation de limites, qui, la nuit, va déplacer la borne !

Est-ce à dire que j'accuse Hamel de tricher?... Fi donc ! j'aimerais mieux brûler tout ceci que le donner à penser un seul instant...

C'est très sincèrement, on le verra plus loin, qu'il se promène dans le n° 400, se croyant toujours au 398. — Con-

REPRODUCTION DU PLAN DE HAMEL

Plan extérieur et intérieur de la maison DUPLAY avant 1810, par Mme LE BAS.

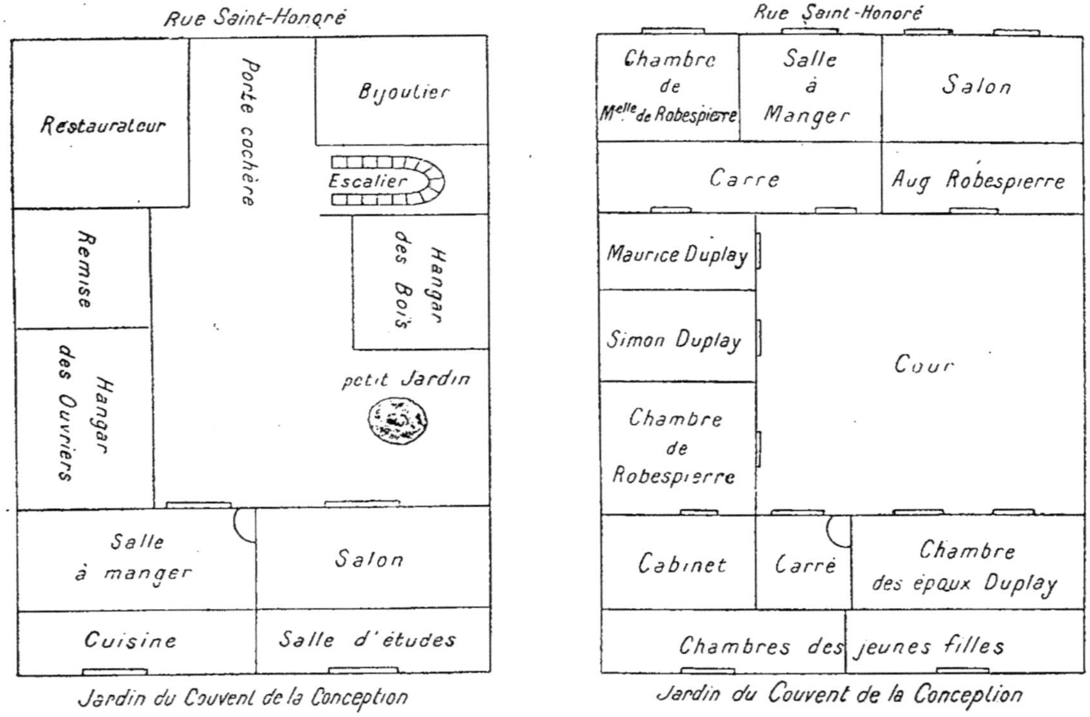

REPRODUCTION DU PLAN DE HAMEL

La maison DUPLAY
après les constructions de 1811 et de 1816.

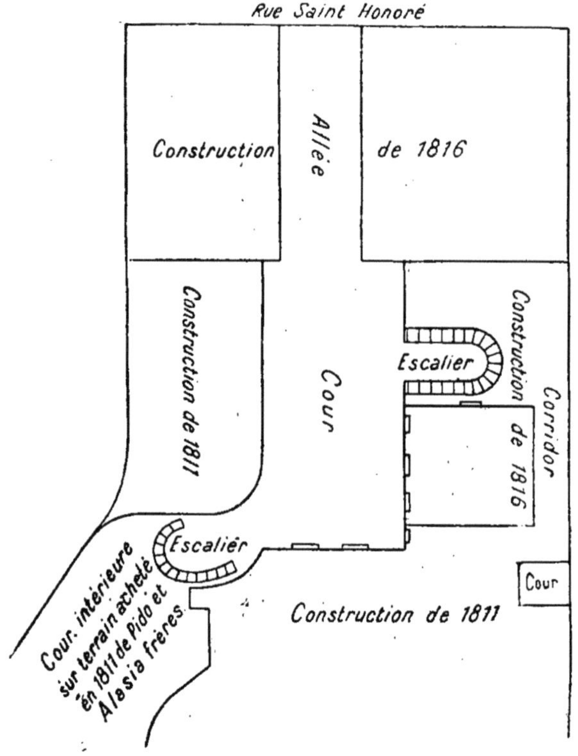

vaincu qu'il ne peut pas se tromper, ayant fini par se persuader que son plan est de Mme Lebas, il part de ces deux vérités incontestables, comme de deux axiomes auxquels tout doit se plier, même le terrain. — Et s'il s'y refuse, tant pis pour lui... C'est lui qui a tort! — Qu'il s'arrange!...

Après cela, et devant l'impossibilité matérielle de ce plan chimérique, ai-je besoin de relever toutes ses extravagances?...

L'absence, faute de savoir où le loger, du petit bâtiment signalé par le bail; ce qui prive tout l'atelier de cabinets d'aisances!...

Ces longs couloirs qu'on nous donne pour chambres des jeunes filles, « éclairés *par des jours de souffrance* », dont Mme Lebas n'a pas soufflé mot, et pour cause!...

Et ce hangar — le grand! — « avec comble en appentis », — dit le bail, — qu'il a fallu remplacer par une remise! — Car s'il faisait saillie sur la cour, on ne pourrait plus entrer dans la salle à manger!...

Et ce pauvre Augustin qui ne peut pas monter chez lui, faute d'escalier!!

Et encore!... Mais à quoi bon insister?

XV

Par opposition à ce prétendu plan de restitution de Mme Lebas, je vais offrir le mien. Il n'a pas, bien entendu, la prétention de reconstituer l'état de 1794 dans ses plus petits détails. On sait que l'exactitude absolue en telles matières est chose impossible.

Mais en le comparant à la description du bail, à celle de Mme Lebas, on verra qu'il concorde avec elles sur tous les points, aussi bien qu'avec tous les documents à notre connaissance (Pl. IX et X).

D'ailleurs, on le retrouvera ici, à très peu de chose près, tel qu'il a déjà été présenté par Lenôtre dans son *Paris révolutionnaire*.

Je n'ai pas essayé, naturellement, de reconstituer les corps de logis sur la rue : nous ne savons rien de leur disposition intérieure, tout ayant été démoli et refait à neuf de la base au faîte, et aucun plan ne nous indiquant l'état primitif.

On remarquera tout d'abord à l'angle nord-est de l'habitation une parcelle de terrain qui a été pour Hamel une nouvelle source d'erreur. C'était un reste de l'ancienne allée

PL. IX.

PLAN DE RESTITUTION

Rez-de-chaussée.

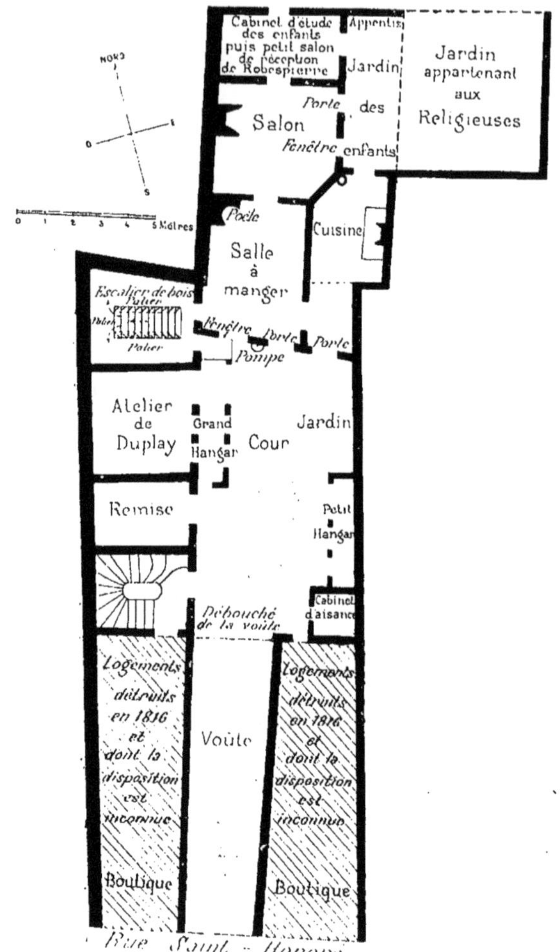

PL. X.

PLAN DE RESTITUTION

Premier étage.

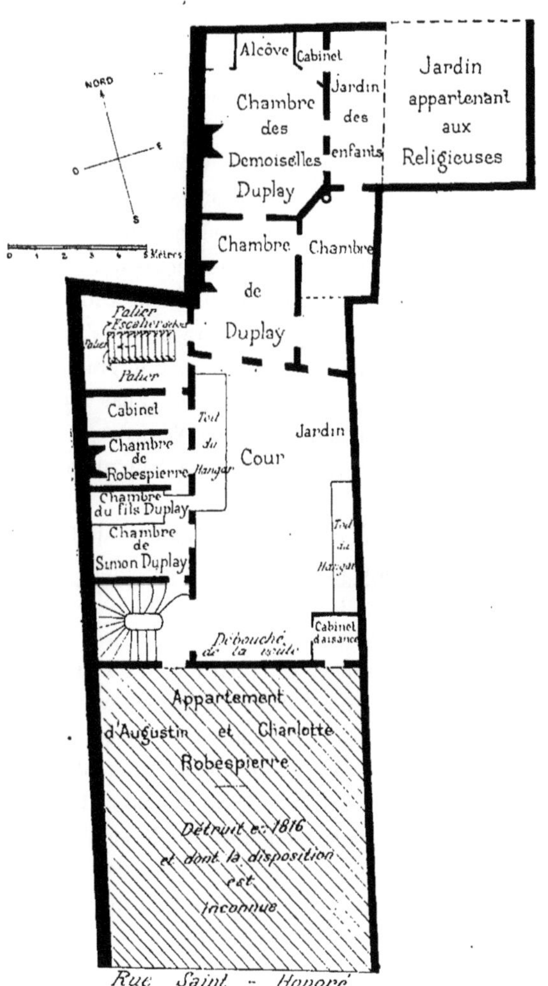

du couvent que l'on peut voir dans le plan Turgot. Les religieuses en avaient conservé la propriété. Il n'était séparé de leur grand jardin que par une grille que Junié a figurée par un pointillé. Ce terrain s'étendait du côté des Duplay jusqu'au mur de leur salon, à qui il donnait l'air et le soleil du matin. La Communauté en avait détaché à leur profit une tranche de deux mètres de large, suivant l'alignement du mur de clôture de l'est. C'était, entre la cuisine et le salon, une sorte de jardinet, où les jeunes Duplay, à côté de leur salle d'études, cultivaient quelques fleurs.

On comprend très bien que les ingénieurs qui ont dressé les plans de la censive et des districts aient traité comme quantité négligeable ce lopin de terre de deux mètres en largeur, qui se confondait pour eux avec le grand terrain dont il était détaché : aussi ne figure-t-il pas dans leurs plans, mais seulement dans ceux de Vasserot et autres, quand une nouvelle acquisition lui eut donné plus d'importance.

Un voisin, Croisy, et deux poêliers fumistes, Pido et Alasie, lors de la vente du couvent comme bien national, avaient acheté le terrain dont était distrait le jardinet en question. Rouilly, pour s'isoler un peu des constructions qu'on pourrait élever de ce côté, par un contrat en date du 17 février 1812, leur en acheta une parcelle pour la réunir à celle qu'il possédait déjà. Elle mesurait exactement cinq mètres cinquante de long; sur un mètre quatre-vingt-quinze de large, de l'est à l'ouest. Notez bien cette mesure, je vous prie, telle qu'elle est donnée par le plan d'acquisition, que Hamel aurait dû examiner avec plus de soin.

Il prétend, qu'avant cet achat, il n'y avait absolument rien chez Duplay de la petite cour actuelle.

Or cette cour mesure aujourd'hui — l'examen est à la portée de tout le monde — quatre mètres de large de l'est à l'ouest.

Le lopin de terre acheté par Rouilly en 1812 ne mesurant que un mètre quatre-vingt-quinze, soit deux mètres, dans le même sens, — il fallait bien qu'il y en eût deux précédemment, puisqu'il y en a quatre aujourd'hui !

Deux et deux font quatre, Hamel ! — C'est mathématique.

Par suite de cette acquisition, le jardinet primitif eut exactement la forme qu'il a présentement, et l'on peut très bien sur place retrouver les indications de la clôture, telle qu'elle était en 1794.

C'est le seul changement de forme qu'ait subi le terrain de 1786.

En réalité, il y avait deux jardins..., si le mot n'est pas trop prétentieux pour l'un, avec sa corbeille de fleurs entre le hangar et la cuisine, — et pour l'autre, « le petit », celui des enfants, avec ses maigres plates-bandes au long des murs.

On chercherait vainement le puits dans la cour, où il n'a jamais été. Il était plus ancien que l'habitation et appartenait primitivement au jardin du couvent. — Quand on éleva le bâtiment au fond de la cour, il fallait ou le supprimer ou le conserver dans les fondations. C'est ce parti qui fut adopté. Le puits se trouva ainsi placé un peu en arrière de la façade, sous l'ancienne salle à manger de Duplay. Il fournissait d'eau la maison, à l'aide d'un corps de pompe, en la déversant dans une margelle adossée au mur de la salle à manger. Il fonctionnait encore de la sorte lors de la vente de Rouilly à Vaury ; l'acte l'indique : « Avec son corps de pompe sous le bâtiment du fond. » Il y est toujours, mais comblé, comme l'ont été tous les puits du quartier, par suite de débordements dus aux grandes crues de la Seine, et dont l'explication m'entraînerait trop loin.

Quant à l'intérieur, on peut voir ici chaque pièce exactement à la place indiquée par Mme Lebas : la salle à manger servant aussi d'antichambre au salon, et, au delà du salon, la salle d'études des enfants, convertie en un cabinet de réception pour Robespierre, comme l'indiquent les récits de Barbaroux et de la Révellière-Lepaux[1].

Aujourd'hui la salle à manger des Duplay, précédée d'une sorte de verandah, sert de dépôt à M. Vaury. La porte vitrée qui mettait en communication la salle à manger et le salon a été murée, et, pour aller au salon, il faut faire le tour par une brèche pratiquée dans l'ancienne cuisine et par le petit jardin d'autrefois, qui est actuellement une petite cour vitrée. Le salon lui-même !... le salon, au beau meuble d'acajou garni de velours d'Utrecht cerise, est un dépôt de farine. L'ancien cabinet de réception de Robespierre, orné partout de son image, est dans le même cas. — L'escalier de bois qui, de la salle à manger donnait accès au premier étage, a été transporté par M. Vaury à sa campagne de Lieusaint. Dans la cage de l'escalier, M. Vaury père avait installé un four, supprimé depuis longtemps. Le plancher a été rétabli au premier ; mais on voit toujours à l'angle du mur, contre le tuyau de descente, la meurtrière percée jadis pour donner du jour à l'escalier. — Au premier, à droite, on retrouve l'appartement tel que le décrit Mme Lebas : — la chambre des époux Duplay, et, derrière, celle des jeunes filles, avec alcôve et fenêtre sur

1. Voyez notes B.

le petit jardin, et le terrain à la suite, où elles entendaient le matin, dit Esquiros, le chant des oiseaux et, la nuit, « celui des cigales »! C'est la partie de l'habitation la mieux conservée. Toutes les boiseries sont à leur place. Et c'est encore là que Hamel s'est fourvoyé de la bonne façon. Par la communication récente que j'ai signalée plus haut entre les deux propriétés de M. Vaury, il s'est engagé dans la maison voisine, s'y est heurté dans l'obscurité à tous les murs, et s'est écrié : « Mais c'est un fouillis!... » Eh! oui, mais dans sa tête!

De l'autre côté du palier, c'est-à-dire à gauche au sortir de l'escalier de bois, est le logement de Robespierre; et, à ce propos, Hamel m'a cherché une plaisante querelle. — J'avais donné à l'ensemble des pièces de l'aile du couchant le nom d' « appartement de Robespierre », pour le distinguer de celui des Duplay; et ce terme était d'autant plus justifié que, sous le même toit que Maximilien, il n'y avait que les chambres du petit Duplay mis sous sa garde, et de Simon son secrétaire. — Hamel en a conclu que je donnais à Robespierre seul toutes ces pièces-là, et m'a demandé où je logeais les deux autres! — Dans leurs chambres, Hamel, chacune à la suite, avec sa fenêtre unique, comme je l'avais indiqué si clairement que tout le monde l'a compris, excepté vous!

La première pièce de l' « appartement » est le cabinet d'entrée; — puis vient la chambre basse de Robespierre, c'est-à-dire basse de plafond avec une seule fenêtre, comme le cabinet. — Puis la chambre de Maurice, et enfin celle de Simon, ouvrant sur le grand escalier qui desservait le logement d'Augustin et de Charlotte.

Malheureusement toutes ces pièces n'ont pas été maintenues, comme celles de Duplay, dans leur état primitif. Par la suppression d'une cloison, la chambre de Robespierre a été réunie à celle du petit Duplay et le niveau rétabli entre les deux. La cheminée a été déplacée, et elle est moderne. Lenôtre avait cru pouvoir indiquer une alcôve chez Robespierre : Mme Lebas n'en dit rien. Elle ne parle pas, il est vrai, de celle de sa propre chambre, qui est encore en place; mais dans le doute, il est plus sage de ne pas maintenir l'alcôve que de discuter les raisons qui rendent probable son existence. Sauf ce détail, on peut facilement se figurer la pièce, avec ses rideaux de damas bleu à fleurs blanches, son casier de sapin pour les livres, les chaises, la table de travail, la cheminée en face de la fenêtre, cette fenêtre, aujourd'hui comme autrefois, sans volets ni persiennes, devant laquelle Barras et Fréron trouvèrent Robespierre si singulièrement occupé à sa toilette. En un mot on peut reconstituer sans peine ce que dans ma lettre à Galdemar j'appelais « une misérable cellule » !

Hamel en a conclu que je reprochais à l'Incorruptible la médiocrité de son train de vie et l'étroitesse de sa chambre.

Certes, non ! — Je ne visais que la médiocrité du personnage et l'étroitesse de son cerveau.

Je le voyais là, tisonnant son feu, rongeant ses ongles, déclamant tout haut ses discours, méditant son horrible loi de prairial, — ou, la nuit, courbé sur sa petite table, après avoir affecté de ne sacrifier Camille et Danton qu'à regret, aiguisant le couteau qui devait les égorger par la main de Saint-Just, en rédigeant pour lui « quelques notes » ! dit légèrement Hamel... « Des souvenirs !... »

« Des souvenirs? » — Vingt-trois pages que j'ai là sous

les yeux, écrites de sa propre main !... Le plus atroce réquisitoire qu'ait jamais forgé la calomnie, l'ambition, l'envie, la haine et la peur!

« Ce Robespierre qui était si bon et que j'aurais aimé ! » me disait Mme Lebas.

XVI

Car je l'ai connue, moi, Mme Lebas! — J'ai même dansé avec elle!... Oui, Hamel, dansé!... en 1845 ou 1846, à une petite sauterie de jeunes garçons et filles de mon âge, rue d'Enfer, chez Mme de Boismont.

J'arrivais en retard. Plus de danseuse. Et l'on manquait d'un vis-à-vis pour un quadrille. J'avise sur un canapé une dame vêtue de noir, âgée, mais de tournure encore jeune, et bravement je cours l'inviter...

— Oh! me dit-elle en souriant, il y a beau jour que je ne danse plus!

J'insiste; la maîtresse de maison accourt : « — Mais si, mais si..., c'est entre nous!... Ces pauvres enfants!... » Et la dame finit par se résigner, à la condition que je lui indiquerai les figures.

Après la contredanse, pendant laquelle elle m'a gentiment interrogé sur mes études, mes professeurs, mon collège, le nôtre, ô Hamel!... je demande à Mme de Boismont qui est cette bonne dame?

— C'est, me dit-elle, la mère de Philippe Lebas, de l'Institut,... la veuve du conventionnel!

10

J'étais alors en pleine lecture de la *Révolution* de Thiers, et je m'écriai : « Celui qui s'est tué! »

Mme de Boismont reporte l'exclamation à Mme Lebas qui me fait signe de venir m'asseoir auprès d'elle, et j'y vais, tout saisi d'avoir enseigné la chaîne des dames à cette veuve de Thermidor.

Naturellement, Mme Lebas me parle de Thiers, de la Révolution, de Robespierre; et, comme elle me voit un peu tiède pour son héros, elle ne manque pas cette occasion de dire une fois de plus qu'il a été « bien calomnié par ses ennemis! » Je cite mot pour mot..., je l'entends encore : « Et que certainement je l'aurais aimé!.. Il était si bon et si affectueux pour la jeunesse! »

Quelqu'un survient, rompt l'entretien... Je n'ai plus revu ma danseuse.

Mais la sincérité de cette aimable femme, la douceur de sa voix étaient si persuasives que je conçois qu'elle ait eu grande part aux essais de réhabilitation de son idole.

Et son illusion était bien naturelle!

Quel Robespierre avait-elle connu? — Celui de la maison paternelle, heureux de s'y voir cajolé, adulé..., presque tendre pour Éléonore et ses sœurs, sobre, austère, chaste, ne parlant que par belles sentences et maximes! — Celui qui, aux veillées d'hiver, récitait des scènes de Racine ou fredonnait la romance jouée par Buonarotti sur le clavecin, — qui, les soirs d'été, aux Champs-Elysées, jetait des sous aux petits savoyards ou menait son chien Brount se baigner dans la Seine, — et, dans les excursions à Saint-Ouen, à Montmorency, cueillait pour ses jeunes amies des cerises dans les vergers, des bluets dans les champs!...

Avec le temps, l'image du grand homme s'était idéalisée au point qu'elle le voyait beau! — Sa tête de chat, aux pommettes saillantes, couturées de petite vérole; son teint bilieux, ses yeux verts bordés de rouge sous ses lunettes bleues, sa voix aigre, son verbe sec, pédant, hargneux, cassant; son port de tête hautain, ses gestes convulsifs, tout cela s'était effacé, fondu, transformé en une douce figure d'apôtre, martyr de sa foi pour le salut des hommes!

Et, de fait, il avait sa foi, le monstre!... Sa foi en lui d'abord; puis dans la sublimité de ses doctrines, qui sont bien d'un disciple de Rousseau : la civilisation corruptrice des mœurs; le retour à l'état de nature, où l'homme est parfait, comme on sait; un régime égalitaire, où toutefois les citoyens seraient courbés sous le joug d'une sorte de théocratie dont lui, l'*Incorruptible*, serait naturellement le grand pontife! « Une jésuitière de l'Amérique espagnole! » disait Danton railleur. — Bref, la plus odieuse des tyrannies; mais, pour ce maniaque et les naïfs qui l'entouraient, la République idéale fondée sur la vertu!

Son incommensurable orgueil lui persuadant qu'il avait seul le génie requis pour ramener l'âge d'or, n'étaient-ils pas bien coupables ceux qui, par l'obstacle mis à sa grandeur, retardaient le bonheur de la Patrie? — N'avait-il pas le droit de les exécrer, et le devoir patriotique de les détruire, ces « pervers » cramponnés à leurs jouissances égoïstes? — Et pour cela toute arme n'était-elle pas légitime : perfidie, mensonges, trahisons, la beauté du but justifiant les pires moyens?... Son cri de désespoir, en Thermidor, où ceux qui l'assomment ne valent pas mieux que lui : « Tout est perdu, les brigands triomphent! » ce cri-là est bien sincère! — Ne l'empêchent-ils pas de réaliser son rêve humanitaire?...

De là le culte rendu à sa mémoire par tous les Duplay grands et petits et leur affiliation au Babouvisme[1], où ils retrouvaient les doctrines de leur maître! — De là, pendant un demi-siècle, la propagande doucereuse de Mme Lebas et de tous les dévots de la petite chapelle Saint-Honoré, soufflant aux Louis Blanc, aux Hamel, cette folle croyance qu'il n'a succombé que pour avoir voulu abattre l'échafaud et détruire, dit Louis Blanc, « la terreur par la terreur » — homéopathiquement!

Ah! que Taine a donc raison de s'écrier que, cent ans après sa mort, il fait encore des dupes!

1. Voyez notes C.

XVII

Et maintenant revenons à notre maison... pour conclure !

Il y a désaccord absolu entre Hamel et tous les documents.

De deux choses l'une :

Ou tout ce qu'il affirme est exact, et dès lors tous les plans de la censive, du terrier, des districts, de Vasserot, etc., etc., plus ceux de l'architecte Dufaud : tous les titres, baux, actes, contrats de vente, dessins de Duplessis, de Nodier, etc., tout est menteur et ne mérite aucune créance ;

Ou tous ces documents incontestables font loi, et c est Hamel qui s'abuse !

Il n'y a pas de milieu. — C'est tout l'un ou tout l'autre.

J'ai cité mes sources ; les pièces du procès sont à la portée de tout le monde. La lecteur peut vérifier, peser et conclure.

Pour moi, je n'ai pas l'intention d'éterniser ce débat, qui n'a que trop duré et de discuter les petits plans que Mme Lebas pourrait nous offrir encore après sa mort.

Je ne prendrai la parole, comme je l'ai dit, que si Hamel produit quelque preuve écrasante qui m'oblige à confesser que j'ai été trompé par toutes les sources d'informations auxquelles j'ai eu recours.

Et je ne saurais mieux finir qu'en rappelant ici les paroles de mon adversaire, avec qui j'espère bien que cette polémique ne me brouillera pas :

« On ne fait pas de l'histoire avec des impressions, de l'imagination et de la haute fantaisie, mais avec des textes authentiques, des documents irréfutables, des présomptions graves, précises et concordantes ! »

NOTES

A. — Convention entre Duplay et Auzat.

« ... Suivant acte passé devant Thion, notaire à Paris, qui en a la minute, et son collègue, le 29 frimaire an V, enregistré à Paris, le 3 nivose suivant, par Camuzat, par lequel contrat la jouissance de ladite maison a été divisée pour la vie durant dudit Duplay de manière que le citoyen Auzat jouirait seul du bâtiment sur la rue, à l'exception de la boutique du vinaigrier et de la plus grande des deux caves qui sont sous ce bâtiment. Plus de la *première travée du grand hangar* pour en faire une remise ou un bûcher, ou pour toute autre disposition, le puits en commun, et que ledit sieur Duplay, pour lui tenir lieu de sa moitié, jouirait de la boutique louée au vinaigrier et dépendances, de la plus petite des caves sous le bâtiment du devant, attendu qu'il n'y en a pas dans le surplus de la maison ; de tout le bâtiment du fond de la cour, *des deux dernières travées du hangar et de toutes les chambres au-dessus de ce hangar*, jusqu'à la porte qui sort sur l'escalier du citoyen Auzat et qui, en conséquence, pourrait, quand il lui plairait, être condamnée, et en outre DU HANGAR A DROITE DE LA COUR EN ENTRANT, l'accès par la porte cochère et le passage par la cour en commun ainsi que le puits... »

Titres de M. Vaury.

B. — Barbaroux et La Revellière-Lepaux chez Robespierre.

« Je fus frappé des ornements de son cabinet. C'était un joli boudoir où son image était répétée dans toutes les formes et par tous les arts. Il était peint sur la muraille à droite, gravé sur la gauche ; son buste était au fond et son bas-relief vis-à-vis. Il y avait en outre sur la table une demi-douzaine de Robespierre en petites gravures. »

Barbaroux. *Mémoires*, édit. Dauban, p. 358.

«... Je fus introduit dans le salon, auquel était attenant un petit cabinet dont la porte restait ouverte. Que vois-je en entrant ? Robespierre, qui s'était impatronisé dans la maison, où il recevait des hommages tels que ceux que l'on rend à une divinité. Le petit cabinet lui était particulièrement consacré. Son buste y était enchâssé avec divers ornements, des vers, des devises, etc. Le salon lui-même était garni de petits bustes en terre cuite, rouge, grise, et tapissé du portrait du grand homme au crayon, à l'estompe, au bistre, à l'aquarelle. Lui-même, bien peigné et poudré, vêtu d'une robe de chambre des plus propres, s'étalait dans un grand fauteuil, devant une table chargée des plus beaux fruits, de beurre frais, de lait pur et de café embaumé. Toute la famille, père, mère et enfants, cherchaient à deviner dans ses yeux tous ses désirs, pour les prévenir à l'instant. Le dieu daigna me sourire et me tendit la main. La porte du salon était vitrée. Les adorateurs, depuis l'entrée de la cour jusqu'à cette porte, s'avançaient avec lenteur et respect et n'entraient dans le salon que lorsqu'un signe de la tête ou de la main de l'homme divin aperçu au travers de la vitre leur en donnait la permission. »

La Revellière-Lepaux, t. Ier, ch. iv.

C. — Les Duplay et Babeuf.

Philippe Lebas, dans la biographie de son grand-père, après nous l'avoir montré juré du tribunal *malgré lui*, cherche à le dégager de la conspiration de Babeuf, avec lequel, dit-il, il n'avait jamais eu aucun rapport. Il a compté sans Buonarotti, qui dans sa *Conspiration pour l'égalité*, désigne formellement Duplay père et fils, et Simon Duplay parmi les conjurés. On conçoit très bien, d'ailleurs, que les Duplay fussent partisans de Babeuf. Buonarotti, l'ami de la maison, se réclame de Robespierre à tout propos. C'est la même rêverie d'idéologues détraqués! — Plus de villes, foyers de vices : rien que des villages! Plus d'arts corrupteurs des mœurs, plus de commerce, d'industrie; mais l'agriculture!! Plus de propriétés particulières, de maîtres, de serviteurs, de patrons, d'ouvriers : l'égalité absolue! — L'État seul propriétaire et dispensateur de toutes choses, distribuant les emplois, les denrées! Enfin, le communisme dans toute sa beauté, l'Icarie de Cabet!

IMPRIMÉ

PAR

CHAMEROT ET RENOUARD

19, rue des Saints-Pères, 19

PARIS

Paris. — Typ. Chamerot et Renouard, 19, rue des Saints-Pères. — 31848.

www.ingramcontent.com/pod-product-compliance
Ingram Content Group UK Ltd.
Pitfield, Milton Keynes, MK11 3LW, UK
UKHW021206220726
13924UKWH00003B/1356

9 782019 961039